내 혼의 동반자

내 혼의 동반자

최남순 시집

도서출판 **사람과사람**

성체 안에 살아 계신 예수 그리스도를 통하여
아버지께 봉헌합니다

● 시집 머리에

   온통 콘크리트 벽에 끝 간 데 모를 아스팔트. 밤의 화려한 불빛은 도시민의 그 보상심리이런가. 단순함이 그립고, 소박함이 그립고, 순수함이 그리운 것은 비단 나와 너만이 아닌 듯싶다.
   문득 전화를 걸어 시집의 인사말을 써달라신다. 사양도 막무가내. 날짜를 못 박아 놓고 그때까지 원고를 달라는 수녀님의 확신이 나를 압도했다. 결국은 잘된 일이었다. 답답함과 삭막함의 도시 한복판, 복잡하고 번잡한 일상의 소용돌이 속에서 단숨에 읽어 내려 간 수녀님의 원고는 한줄기 푸른 바람이었고 콘크리트와 아스팔트 한가운데의 옹달샘이었다.
   이렇게 초월자 한분에게 오롯할 수 있다면.
   그로 인해 이렇게 생활이 풍요이고 감사일 수 있다면….
   수녀님을 알게 된 것은 오래 전 수녀님의 고운 시 '부르심'을 만나고 난 뒤였다. 그렇게 오랫동안 심한 병고와 싸워야 했고 그래서 그렇게 거동마저 불편하신 분인지는 몰랐었다. 그런 그분의 마음 안에 이토록 고운 가락과 풍요로운 감사가 있었음은 참으로 나를 부끄럽게 만들고 또 부럽게 만든다.

시의 한 구절 한 구절 고통과 고뇌를 넘어선 평정이 있고 복잡함을 뛰어넘은 명료함이 있다. 수녀님과 하느님, 묘한 줄 알면서도 새삼 경이롭다.

 나도 닮을 수 있다면…. 수녀님의 시구가 세상 한복판 우리 모두에게 삶의 한 줄기 푸른 바람이 되고 생명을 적시는 옹달샘의 시원한 물 한 모금이길 기대한다.

> 2005년 가을 문턱에
> 가톨릭대학교 총장 임 병 헌

● 차 례

시집 머리에

제1부 ● 늦게야 알았습니다

나의 소망 · 16
오후 · 17
늦게야 알았습니다 · 18
상사화 · 20
가을바람 · 21
제 역할 · 22
태양은 지지 않는다 · 23
사랑의 파수꾼 · 24
아가의 미소 · 25
죄는 미워도 사람은 · 26
진실 · 29
겸손 · 30
십자가 · 32
장애인 십자가의 길 · 34
노랑 닭발꽃 · 36
성모님의 손을 잡고 · 37
찬미의 노래 · 38

제2부 ● 홀로서기

고통의 의미 Ⅰ · *42*
고통의 의미 Ⅱ · *44*
고통의 침묵 · *46*
비명에 간 꽃망울 소녀야 · *48*
치매 환우 · *51*
엄마의 기도 · *52*
눈 맞춤 · *54*
엄마 생각 · *56*
강아지 눈을 뜨듯 · *58*
상실의 의미 · *60*
하느님의 선물 · *62*

제3부 ● 시의 옹달샘

용서 · 64
기도생활 · 65
삶의 의미 · 66
나는 빚쟁이 · 68
한 그루 낙엽송 · 70
내 마음속 나도 모르게 · 71
사랑의 안경 · 72
봉헌의 삶 I · 74
봉헌의 삶 II · 76
시의 옹달샘 · 77
5월의 기도 · 78
성체 앞에서 · 80
성체조배 I · 82
성체조배 II · 84
성체조배 III · 86
관상 기도 · 87
과부의 헌금 · 88

제4부 ● 짝사랑

내 혼의 동반자 · 90
행복 Ⅰ · 92
행복 Ⅱ · 93
보물찾기 · 94
아멘 · 96
팽이 · 97
내 안으로 들어오라 · 98
보호색 옷 · 100
물이 눈짓으로 나를 부르며 · 101
하느님의 성전 · 102
봉헌 · 103
사랑은 하나 · 104
배나무를 바라보며 · 106
짝사랑 · 107
그리스도의 향기 · 108
사랑의 거울 · 110

제5부 ● 영혼의 뜨락에서

주님과 함께 · *112*
기다림 속에 · *119*

시집을 내면서 · *124*

● 늦게야 알았습니다

나의 소망
오후
늦게야 알았습니다
상사화
가을바람
제 역할
태양은 지지 않는다
사랑의 파수꾼
아가의 미소
죄는 미워도 사람은
진실
겸손
십자가
장애인 십자가의 길
노랑 닭발꽃
성모님의 손을 잡고
찬미의 노래

나의 소망

한 세상 잠시
머물다 간다 하여도

나의 기도의 혼은
영원히 이 땅에 남아

맑은 공기 속에
산소처럼

두루
두루

세상에 남은
사람들에게

생명과 삶의 빛과
희망이 되어주는

그런 삶을
살다 가고 싶다

오후

빈 손
열린 마음 하나로

내게 주어진 길을
열심히 열심히 걷다가

우수수 쏟아지는 낙엽 소리에
멈칫 선다

언젠가
꼭 한 번

떠나야 할
나만의 길을 바라보며

허리를 펴고 똑바로 서서
계속 앞으로 걸어간다

늦게야 알았습니다

밤에는 잠을 잘 수 있고
아침에 잠에서 깨어나 눈을 뜰 수 있다는 것

잠자리에서 거뜬히 일어나
저 홀로 옷을 순서 있게 입을 수 있다는 것

두 콧구멍으로 숨을 쉴 수 있고
두 눈으로 모든 것을 자유롭게 볼 수 있다는 것

생각할 수 있고
분별할 수 있다는 것

두 발로 땅을 딛고 홀로 서서 걸을 수 있다는 것
감사할 줄 안다는 것

느낄 수 있고
감각할 수 있다는 것

혀로 맛을 구별할 줄 알고
코로 냄새를 맡을 수 있다는 것

자유로이 찬미할 수 있고

두 손을 자유로이 쓸 수 있다는 것

먹을 수 있고
배설할 수 있다는 것

입으로 말할 수 있고
두 귀로 들을 수 있다는 것

사랑할 줄 알고
도와줄 줄 안다는 것

그 전엔 이 밖에도 수많은 것을
지극히 당연한 것으로만 알았었는데

이 모든 것 하나하나가
더없이 소중한 하느님의 선물

놀라운 기적임을
늦게야 알았습니다

상사화

3월이 오면
군자란 꽃잎 모양의 진초록 잎이
겨우내 굳은 땅을 힘차게 뚫고
승리의 개가를 외치듯 불쑥 자라나
싱그러움을 한껏 자랑하다가

여름 문턱에 와서는
흔적도 없이 죽어 버린다
아, 이제는 영영 가버렸구나

이별의 슬픔이 아물 무렵
7월의 어느 여름날
네가 죽어 흔적도 없던 그 자리에서
붓끝처럼 실한 꽃대궁이가 솟아올라
하늘을 향해 두달음질 치듯 쑥쑥 자라난다

앞서 죽어간 잎이 못내 그리워
슬픔을 삼킨 듯
하나의 꽃대궁이에서
놀라워라 담홍색 육판화가 곱게 피어난다

※ 상사화(相思花)는 수선화과의 다년초로 잎과 꽃이 등지고 핀다.

가을바람

하늘을 찌를 듯 키가 큰 나무들이
설렁설렁 서로 엇갈리면서 춤을 추는 것을 보면
바람은 무용 선생인가 봐요

광활한 들판에 누런 벼들의
황금물결 노래를 들으면
바람은 이름 높은 지휘자인가 봐요

우르릉 꽝꽝 우르릉 철썩 하얗게 부서지며
바닷물들이 키 재기 하는 것을 보면
바람은 체육 선생인가 봐요

제 역할

유구한 세월 속에
저 높고 아득한 창공엔
수많은 별들과 해와 달이
제자리에서 제 역할을 다하고

우람하게 큰 나무 밑에
좁쌀만 한 이름 모를 작은 풀꽃들이
당당하게 피어서
굽어보는 사람들을 감동케 하며

가을이 오고 때가 되면
산과 들에 수많은 나뭇잎들이
빨강, 노랑, 갈색 등의 자기만의 고유한
색깔을 어김없이 완연히 드러내는데

만물의 영장인 나는
내 몫의 예수님의 모습을
얼마나 닮았을까
얼마나 닮았을까

태양은 지지 않는다

지구가 돌고 있을 뿐
태양은 지지 않는다

먹구름 뒤에 늘 태양이 빛나듯
나를 에워싼 어둠이 걷히면

소낙비 지나간 후에 눈부신 태양처럼
내 마음속 주님은 빛나리라

이 세상 모든 것은
잠시 지나가는 것

아름다운 이별이게
두 손 들어 인사 하자

때때로 이름 모를 어둠이 나를 덮쳐도
주님 손 꼭 잡고 일어서자

사랑의 파수꾼

소리 없이 빠져나간
썰물처럼

성모의 집 화원에
빼곡히 들어찼던
새하얀 꽃들이
정릉골 수녀 못자리
성녀 못자리로
이식되고

아람 찬 고목들만 남아
고요히 묵도하는
사랑의 파수꾼

비록 멀리 떨어져 살아도
주님의 넓고 깊으신
안뜰에서
신앙의 전답을 돌아보며
물꼬를 보는 농부

오늘도 내일도 묵도하는
사랑의 파수꾼

아가의 미소

티 없이 해맑은 아가의 미소는
방금 피어난 한 송이 꽃

놀랍도록 가슴 뭉클리며
아름다움의 근원인 창조주
하느님의 표징

죄는 미워도 사람은

살인자의 어머니는
범행한 자기 아들을
'살인마'라고 절대 부르지 않는다

매스컴과 사람들이 모두 텅 빈 마음으로
저마다 입에 오르내리며 온통 떠들썩하니
남의 잘못에 대해 시끄럽게 해서
득볼 일이 무엇일까

그의 죄를 판결할 분은
첫째 하느님 한 분이고
둘째 하느님에게 재판을 위임받은
재판장이 있는데…

엄청난 그의 범행의 현실 앞에
놀라움과 아픔을 가눌 수 없지만
우리는 숙연한 마음으로
그가 그렇게 된 원인이 어디 있을까

한번쯤은 그의 가족 된 입장에서
그에 대한 나의 형제적 관심과
이웃 사랑에 대하여

깊이 성찰할 기회가 아닐까

하느님의 모상으로 창조된 사람의
본심은 누구나 똑같다고 생각하며
그 형제는 절대 특정 인물이 아닐진대
그가 지은 죄는 미워도 사람은…

사랑하는 형제여
단 한번 세상에 태어나
한세상 사는 것 마음먹기 달렸다는데
악마의 도구 되어 무고한 사람들의
고귀한 생명을 무참하게 죽이다니

사람은 누구에게나
천사적 경향과 악마적 경향이 있어
평소에 하느님과 양심의 소리를 듣고
자신을 잘 다스림이 중요한 것

나도 잠깐 방심한 상태에서
하느님 도움 없이는 그보다
더할 수도 있겠다고 생각하니
아찔하게 현기증을 느낀다

본의 아니게 단 한번의 살인행위로
악의 세력의 포로가 되어
악마의 도구로 쓰여지는 것이라 생각하니
그 형제가 몹시도 불쌍하게 생각된다

부지중에 무고하게 희생된
많은 영혼들에게 죄송한 마음으로
영원한 안식을 삼가 빌며
충격적인 사고로 깊은 슬픔에 잠긴
유족들에게도 깊은 위로와 평화를 빕니다

진실

진실은 진실의 얼굴을 서로 알아보고
하느님 사랑의 재창조를 향해 발돋움한다

때때로 어둡고 끝이 보이지 않아 당황할 때
믿음의 방패를 잡고

쉼 없이 도전해 오는 생활 주변의
갖가지 열악한 모든 환경은

행복한 영성적 삶의
여정의 과정이며 도우미

그로 인하여 더욱 하느님의 사람으로
거듭나며 변모되어 감을 감사할 뿐

기다리지 않아도
새 아침은 꼭 밝아 온다

겸손

땅은 가장 잊혀진 밑바닥에서
세상 모든 사람들과
뭇 생명들이 밟고 다녀도

묵묵히 모든 것 모두를
사랑과 용서로 받아들인다

땅은 하늘마음
땅은 어머니 마음
땅은 육의 고향

땅은 모든 생명의 뿌리를
덮어주고 감싸주며
뿌리가 가는 곳마다에서
젖 먹여 키워준다

세상의 온갖 더러운 쓰레기를
사랑으로 받아 안고 소화시켜
새 생명으로 바꾸어
세상에 꽃과 열매를 낳아준다

땅은 육의 고향

맨 처음 하느님은
사람을 흙으로 빚어 만들었고

사람이 세상을 마친 후
다시 흙으로 돌아가
묻힐 육의 고향

십자가

십자가는 짙은 먹구름의 가면을 쓴 찬란한 태양
감추어진 하느님의 사랑과 힘이며
천국 본향으로 가는 유일한 지름길이네

사형 도구인 죽음의 나무에서
영원한 생명이 꽃 피었고
죽음의 나무에서 무참히 패배한 사람이
승리로써 구원의 관문을 활짝 열었네

주님의 십자가만 바라보며 정진하는
진한 핏빛 사랑의 발자국 하나하나에
인류 구원의 샘이 퐁퐁 솟구치네

나에게 주어진 유일하고 고유한 십자가를
소중하게 사랑으로 끌어안고
앞장선 주님의 뒤를 따라가면
십자가가 나를 업고 기쁘고 신명나게
목적지까지 데리고 가네

십자가 지고 가는 천국행 순례 여정에
사방팔방에서 수없이 도전해 오는
가지각색의 또 다른 십자가들은

십자가 길에 끝까지 정진할 수 있게
에너지를 공급해 주는 하느님 선물

눈에 보이는 십자가, 보이지 않는 십자가
자기 탓으로 만나는 십자가
공동체로부터 오는 십자가
교회로부터 오는 십자가도 있네

십자가를 믿음과 사랑으로
기쁘게 끌어안으면
영원한 승리로써 구원을 얻네

장애인 십자가의 길

나는 오늘 하루 시각 장애인
두 눈을 완전히 가리고
명동성당 문화관에서 출발하여
미도파 백화점 옆 은행을
다녀오는 배당을 받고 출발하였다

평평한 아스팔트길이
어찌 그리 울퉁불퉁한지
오고가는 자동차 소음이
왜 그리도 요란하게 큰지

금방 나에게로 와락
덮칠 것만 같아서 겁이 난다

오고가는 행인들이 내 옆을
스칠 적마다 넘어질 뻔하여 놀란다

명동 입구 지하도 층계를 내려가는데
헛짚을까봐 망설여지고 긴장된다

층계를 올라가는데 발 앞부리가 자꾸만
턱에 닿아 긁혀서 양말 앞부리가 미어졌다

은행 아가씨의 안내를 받으며
천 원을 입금시키고 왔다

점심 식사로 도시락을 먹는데
반찬이 다섯 가지였다

입으로 가져가는 것은 쉬운데
짠 것과 싫어하는 찬의 구별을 못한다
또 자주 흘려 남 보기에 흉할 것 같아
부끄럽고 눈물이 날 것 같다

오늘 하루 장애인들 십자가의 길 여정에
동참할 수 있었음을 감사드리며
두 눈으로 빛과 사물을
확연히 볼 수 있다는 놀라움
하느님에게 감사드렸다

노랑 닭발꽃

하늘이 사람의 영혼을 가꾸듯
팔십 고령의 수녀가 정성 들여 가꾸는
수녀원 중정 꽃밭에 핀 노랑 닭발꽃

날씬한 키에 꽃망울이 다닥다닥
잎사귀는 영락없는 닭발
꽃잎은 노랑 바탕에 검은 밤색 꽃방
목화꽃 닮은 다섯 겹 꽃잎에 청순한 자태
솔로몬의 옷보다 더 화려하구나

피고지고 '오늘은 내 차례, 내일은 네 차례'
비록 하루살이 꽃일망정
보는 이마다 발길 멈춰 서서 경탄 경탄
창조주를 찬미케 하는 하늘의 표징

육십이 넘어도 아직 제자리걸음인 나는
놀라워라 땅에 묻힌 지 반년도 채 못 되어
보란 듯이 완주했구나 제 역할

너의 소리 없는 장엄한 복음 선포
날 닮으라 손짓해 부르누나
오가며 바라보는 모든 이를 향해

성모님의 손을 잡고

다리가 긴 사십대 초반의 엄마와
다리가 짧은 네 살짜리 아들
모자가 명동 밤거리를 지나간다

엄마는 앞만 보고 성큼 성큼 빨리 가는데
꼬마는 엄마의 손을 잡은 채
줄곧 뛰면서도
휘황찬란한 밤거리
오고가는 차와 사람들
구경거리가 참 많다

꼬마는 볼 것 다 보면서도
엄마의 손을 놓지 않는 한
목적지까지 함께 간다

나도 하느님에게 가는 대형 엘리베이터인
성모님의 손을 잡고
오늘도 내일도
이승의 순례의 길을
열심히 살아가야겠다
고운 소리로
피리를 불면서

찬미의 노래

돌을 던지면 쨍그랑하고 깨질 듯
유리 같이 투명한 파란 하늘

둘둘둘 잽싸게 피륙을 감아 말듯이 달려와
우르릉 꽝꽝 철썩 바위를 휘감고
하얗게 부서지는 살아 있는 동해바다

그 공간을 나비처럼 살랑살랑
춤을 추며 넘나드는 시원한 바람

크고 작은 나무들과 이름 모를 각종 짐승들
새들과 곤충들, 아름다운 풀과 꽃들
산과 언덕이며 푸른 들과 시냇물

단향기 풍기며 머리 숙여
황금물결 일렁이는 누런 벼이삭들
바다의 모래알처럼 수많은 사람들

온 누리 충만하게 공기와 물처럼
현존하시는 창조주 하느님의 얼이시여
감사 찬미 받으소서

그 속에 아주 작은 하나의 점으로
내가 있음에 새삼 놀라움
이 모든 피조물들과 함께

스물네 시간 살아서 숨을 쉬듯
당신의 현존과 사랑 속에
넘치는 기쁨으로 감사 찬미 드립니다

● 홀로서기

고통의 의미 I
고통의 의미 II
고통의 침묵
비명에 간 꽃망울 소녀야
치매 환우
엄마의 기도
눈 맞춤
엄마 생각
강아지 눈을 뜨듯
상실의 의미
하느님의 선물

고통의 의미 I

너는 부지중에 찾아 온 불청객
전혀 원하지도 않았고
상상도 못했었다

너의 방문은 나에게 낯설기만 하였고
맨 처음 아버지의 선물로 생각은 하면서도
한편으론 약간 반신반의했었다

빛의 조명을 받아 너의 정체를 알고 보니
너의 이름은 역시 고통의 가면을 쓴 '복'
사랑하는 분의 파견임을 알았다

이제는 만사를 선으로 유도하는
아버지의 선물임을 확신하며
진정 감사드린다

내가 너를 진심으로 환영하며
사랑으로 환대하기까지는
많은 시간이 필요했다

휠체어를 밀어주는 수녀님들의 사랑을 받으며
나는 기도로써 보답하니

아름다워라 공동체의 사랑의 교환이여

나와 공동체와 이웃을 위해 아버지에게 봉헌할
풍성한 은총의 열매를 기다리며
하루하루 정성껏 사랑의 꽃을 피운다

고통의 의미 Ⅱ

고통은 영성 여정의
중요한 삶의 과정

원하지도 않았고
예측도 못했는데
불쑥 찾아오는 손님

돌팔매를 맞는 것은 좋아도
남에겐 절대 절대 금지

환경을 지배할 사람이
때로는 지배를 받기도 해요

그러나 분명히 감사할 일은
대가를 꼭 지불하고 지나간다는 것

목적지를 향해 걷다 보면
통과해야 할 길고 짧은
어둠의 터널도 만나지만

참고 꾸준히 정진하다 보면
언젠가는 끝이 있어 한층 더

밝은 하늘을 바라볼 수 있어요

밝은 세상을 바라보며
정진할 수 있는 시간이 꼭 오지요

고통의 침묵

모든 식물들과 꽃들은
살아 있다
살아 있어도 말이 없다

꽃꽂이를 하려면
꽃가지를 사정없이 척결해 내야
훌륭하고 새로운 창조 작품을
만들 수 있는데

꽃과 소재로 딸려 온 나뭇가지들이
아플 것을 생각하고
나는 항상 마음의 아픔이 앞서

사정없이 척결해 낼 수 없으니
도저히 꽃꽂이 작품을
만들 수가 없다

한숨을 크게 쉬고 마음을 크게 열고
하느님 제단에 봉헌하는 예물로 위로삼고
꽃꽂이를 했다

사정을 두고 자르다 보니

꽃꽂이가 항상 크고 엉성하다
야무지고 조화롭지 못하다

늘 마음에 안 들어도
꽃들의 아픔을 헤아리며
늘 안쓰러운 마음
꽃과 나무들에게서 고통의 침묵을 배우다

비명에 간 꽃망울 소녀야

2003년 11월 5일 새벽
수능시험 날인 오늘
삶을 포기하는 학생이 생기면 어떡하나
문득 불길한 예감이 뿌연 안개처럼 다가와

모든 수험생들의 엄마의 마음 되어
하루 온종일 모든 일과를
기도로 정성껏 봉헌했다

오후에 갑작스런 비보

꽃망울 소녀야
한 장의 휴지를 던져 버리듯
왜 그토록 삶을 쉽게 포기했니

생명은 매우 소중한 것
무상으로 받은 하느님의 선물
생명의 주인은 하느님이란다

어떻게 그런 용기가 있었니
악마의 장난이냐
무지의 소산이냐

그 용기로 삶을 더 멋지게
도전해 보았으면 좋았을 걸

인생은 한 발 한 발 정성껏
삶의 과정이 중요한 것
영원한 본향을 향해 가는
순례의 여정이란다

우리는 삶의 최선을 다할 뿐
결과는 하느님에게

너의 비보를 듣는 나의 마음
모든 국민들의 마음은
충격이 큰 아픔이었다

너는 부모님의 사랑하는 딸이요
대한의 딸이란다

오늘은 꼴찌어도
마지막 날 첫째 되는 삶이
더 중요하단다

지금쯤 너도 이젠 알았겠지
자살이 끝이 아니고
영원한 실패인 것을

고통은 피하는 것이 아니고
사랑으로 극복하는 것이란다

'십자가를 사랑으로 받아 안으면
십자가가 너를 업고
목적지까지 데려다 주지만
피하면 더 큰 십자가가
너를 기다리고 있단다.'

너의 죽음이 모든 학생들의 경종이 되고
이 땅에서 마지막 종지부가 되길 빌며
영원한 안식을 빈다

비명에 간 꽃망울 소녀야
경쟁이 없는 하늘나라에서
영원히 안녕 안녕

치매 환우

알 수는 없어도 늘 감사해요
하늘의 크신 손길

낮에는 해님이 찾아와
온종일 포옹해 주고

밤이면 먼 하늘 달과 별님들이
소곤소곤 꿈속에 속삭여주고

수시로 바람이 찾아와 어깨동무하고서
함께 노래하며 살랑살랑 춤도 추고

혼자서는 절대로 살 수 없는
연약한 풀잎

하늘로 가득 찬
커다란 복주머니

엄마의 기도

하느님 아버지
사랑하는 안또니오가 백혈병으로
항암 치료를 받고 있어요

토하고 축 처질 때마다 마음이 무너져요
고통을 나누어 받거나
대신할 수는 없나요

의사 위엔 하느님 계심을 확신하기에
조금은 힘이 생깁니다

믿음은 희망이요
곧 승리임을 알게 하신 아버지
찬미와 영광 받으소서

그동안 당신을 멀리 떠나 방황하고
껍데기 신자로 잘못 살았음을
고백하며 용서 청합니다

성모님의 손을 통하여 안또니오와
우리 가정을 아버지께
온전히 봉헌합니다

저희는 가난하고 무능하지만
아버지만의 방법이 있음을 믿습니다

제 삶의 뿌리를 완전히
당신 안에 새롭게 박아 주소서

고통이 곧 복음임을 재확인하며
저를 깨어 살게 하심을 감사드립니다

고통이 없었던들 제가 먼지 쌓인 묵주 알을
수없이 굴리며 이렇듯 애타게 당신에게
매달릴 수 있었겠습니까

오소서 임마누엘이여
안또니오 영혼 안에서
새롭게 탄생하소서

눈 맞춤

대침묵 피정 중 휴식 시간에
두 손이 불편한 내가
컵을 닦으려 할 때

한 수녀님이
컵을 닦아 주겠다는 의사 표시를 하며
나에게 가까이 다가왔다

그때 그 수녀님의 미소 띤 얼굴이
얼마나 아름다웠던지

살아가는 나날 문득문득
그때의 수녀님 모습만 떠오르면
아직도 가슴이 뭉클하며 감동된다

그 다음날 코코아를 먹으려는데
이 수녀님이 즉시 알아차리고
내 컵에 담아 주었고

정수기 앞에 다가서는 순간
민첩하게 물도 따라 주었다

그 순간 순간마다
수녀님들 안에 계신 하느님과
눈 맞춤을 하게 되어

강의 시간에
너무 아름다운 영상이 떠올라
감동의 눈물이 주룩 흘러 내렸다

아, 사랑은 언제나 아름다운 것
마이너스 극과 플러스 극이 서로 만나듯
사랑은 마음속 하느님과 눈 맞춤한다

엄마 생각

1994년 8월 어느 날
강남 성모병원 4층 2인실에서

옆 침대의 병실 친구인
78세의 할머니가
침대에 자주 오줌을 싸고

간병인 아줌마에게 호되게
야단을 맞고 울면서

수녀님, 내가 잘 때 오줌을
싸지 않게 깨워 달라고 하였다

할머니가 언제 오줌이 마려운지
제가 알 수 있어야지요

그 할머니가 흐느껴 울면서
우리 엄마가 계시면 해줄 텐데

10년만의 불볕더위에
이틀간 비가 와서 창문을 닫고 잤는데
아주 심한 기침 감기가 들어 고생하다가

그 할머니 생각과 더불어
새로운 깨우침을 받았다

엄마는 다 알아요, 곤하게 주무시면서도
아가가 언제 오줌을 누어야 할지 알고
자는 아가를 깨워서 오줌을 누게 하고

엄마는 다 알아요, 주무시면서도
아가의 이불이 벗겨진 것을 알고
잠결에 일어나 덮어주어요

10여 년 전 할머니 말씀의 의미를
이제야 깨닫게 되었고

할머니 생각에 엄마 생각이 겹쳐
아가의 심정으로
엄마 생각에 젖어 본다

강아지 눈을 뜨듯

오늘 나는 한 사람을 용서하고
늘어진 영혼을 추스르고 추스르며

벽에 걸린 손녀의
백일 사진을 바라봅니다

티 없이 맑고 무죄한 영혼 안에서
하느님을 보았습니다

칼로 죽인다 해도 한결같이
방실방실 미소 지을 순진무구한 아가

순수덩어리 아가의 모습을 바라보며
전신 목욕을 하고 꿇어 기도했습니다

'아버지, 저 사람들을 용서하소서.
자기가 행하는 바를 모르고 합니다.'

나로 인해 그가 하느님을 거스른
그것이 더욱 내 마음을 아프게 했습니다

성화의 도구된 그를

용서하시고 축복하소서

'사람이 야훼 마음에 들게 살면 원수라도
그와 화목하게 해 주신다'(잠언 16~17)는

말씀만 굳게 믿고 양식 삼아 반추하던
어느 날 부담이 없어졌음을 느껴

뒤돌아보니 어느덧 반년
소리 없이 음지에 볕이 들듯

완전히 회복되었음을 알게 되어
놀란 마음 기쁨 가득히 감사했습니다

허리가 휘청거렸지만 강아지 반쯤 눈을 뜨듯
있는 그대로를 받아들이는 것이 무엇인지

이제 조금은 알게 되었음을 깊이
감사드립니다

상실의 의미

내가 세상에 태어나
아직 어릴 적에
사랑하는 엄마를 잃고
매우 슬펐었다

그때는
참 불행하다고 생각했었지만
성모님을 만난 후
지금 생각해 보니

상실은 또 다른 차원의
크나큰 하느님의 축복이요
성장임을 알았다

내가 중병으로
사경을 헤매던 어느 날
수족의 기능을 잃었을 때

아빠가 무슨 큰 선물을
준비하시는가 보다
꼭 그렇게만 믿으며
무조건 기쁘고 감사했다

십여 년이 지난
지금 와서 생각해 보니
수족이 불편하여
눈에 보이는 자유는 적어도

늘 아빠 등에 업혀 다니며
더 깊고 넓고 높은 차원
영원한 세계로의 큰 자유
영적 성장을 얻었으니

당장은 잘 알지 못해도
범사에 늘 감사할 일밖에 없는
큰 확신을 얻었으니 이보다
더 큰 행복이 또 어디 있을까

하느님의 선물

본향을 찾아가는 여정에서
어느 날 부지중에

복음이 '고통'이란
가면을 쓰고 불쑥 찾아 올 수도
극히 드물게 있을 수 있는데

그럴 땐 하늘 아래
어느 단 한사람에게도
말할 수 없어요

다만 엄마 찾는 아기 사슴 되어
하늘 우러러 목을 길게 빼고

하느님에게만
귓속말로 말씀 드릴 일

그것은 대단히 귀중한
하느님의 초특급 선물

구속주 예수 그리스도를
잘 닮을 수 있는 가장 은혜로운 일이여!

● 시의 옹달샘

용서
기도생활
삶의 의미
나는 빚쟁이
한 그루 낙엽송
내 마음속 나도 모르게
사랑의 인견
봉헌의 삶 I
봉헌의 삶 II
시의 옹달샘
5월의 기도
성체 앞에서
성체조배 I
성체조배 II
성체조배 III
관상 기도
과부의 헌금

용서

용서라는 두 글자를
하늘과 땅과 뜬구름 위에
수없이 써 봅니다

용서하는 마음은
은총에로 열리는 문
사랑에로 열리는 문

흰옷 입은 사람이
옷에 묻은 티끌을
즉시 털어 버리듯

일상의 크고 작은
상처와 부담들까지 즉각 용서할
순백의 갑옷을 입혀 주소서

내가 받은 갚을 수 없는 사랑
그분의 용서 체험을 생각하며
무조건적인 용서를 실천케 하소서

기도생활

심야에 홀로 기도 드릴 때
어디선가 알 수는 없지만
어둠 속에 울고 있을 영혼 위해

성전 등불 하나 줄이면
내 마음 성전 등불
촉수가 한층 높아지고

불편한 내 발걸음 하나하나에
연옥영혼 위한 지향으로 걸으면

발걸음도 가벼워지고
마음도 한층 밝아진다

삶의 의미

사랑하는 아이야
너는 내 삶의 일부이다

너의 삶이
얼마나 소중한지

너의 삶 한 부분
아니 너의 삶 전체가

그리스도의 삶을 완성해 가고 있음을
조용히 생각해 보라

너 없이 나는
아무것도 할 수 없다

네가 있기에 네 안에서
내 구속 사업을 재현할 것이다

언제 어디서 어느 때나 항상
나의 어머니처럼 나만을 바라보며

묵묵히 기도로써

일상 영성의 삶을 소중히 살아라

네 안에서 너를 통하여
내가 아버지의 뜻을 이루리라

나는 빚쟁이

하느님 감사합니다
사랑으로 세상에 태어나서
오늘 이 순간까지 많은 날들을
철없는 아이처럼
참으로 행복하게 살았습니다

정상을 오르던 등반자처럼
반백년을 살아온
인간 신앙의 순례 여정을 회고해 보니
놀랍게도 하느님과 이웃들에게
너무 많은 빚을 졌습니다

나는 빚쟁이
날이 가면 갈수록
시간이 흐르면 흐를수록
부채만 더욱 늘어 갈 뿐
속수무책인 것을

남은 날들이 얼마일지
최선을 다한다 해도
생전에 못다 갚을
쌓이고 쌓인 그 많은 빚들

저의 이 가난과 무능을
무한히 자비하신 아버지 손에
맡겨 드립니다

참 다행한 것은
전지전능 전선하시고
사랑의 근원이신 하느님이
저의 아버지인 것입니다

저의 과거와 현재와 미래를
온전히 아버지에게 봉헌하며
맡겨 드립니다

한 그루 낙엽송

그늘진 언덕 아래
홀로 서 있는
보잘것없는 한 그루 낙엽송

석양의 조명을 받으니
참으로 아름답고 화려하다

주님, 저에게도
보는 이마다에게

기쁨과 행복을 선사할
은총의 빛을 가득히 채워주소서

내 마음속 나도 모르게

내가 너에게 준
사랑과 정성의 깊이만큼
의리에 어긋날 때
내 마음 아픔으로 아려 온다

내 마음속 나도 모르게
새 한 마리 날아와
지지배배 지지배배
밤낮으로 노래하더니

기도의 응답이 좋은 얼굴로 찾아와
'미안하다'는 단 한마디 말에
그 순간 새는 어디론가 훌쩍 날아가고
내 마음 성전 하느님의 빛으로 가득했다

사랑의 안경

또다시 오늘 하루도
수없이 예수님을 잃어버리며
속 빈 허수아비로 살았습니다

매일 매순간 비록 사소한 것에도
이웃이 나를 필요로 할 때
무심히 돌아서는 일 없게 하소서

그때마다 예수님 잃어버리는 것임을
번번이 지나치고 잃어버린
후에야 생각남을 어찌합니까

성령이 제 머리를 탁 건드려 주어
예리하게 보고 느끼며
작은 사랑을 소중히 실천케 하소서

남이 예수님을 잃어버리는
사랑의 못 미치는 짧은 발과 손길은
눈에 잘 띄면서

나의 사랑의 불완전과 무관심은
잘 보이지 않습니다

파란 안경을 쓰고 세상을 보면
모든 것이 파랗게만 보이듯

저에게 도수 높은 예수님의
사랑의 안경을 주시어

시간과 장소를 초월하여 아주 작은
사랑도 놓치지 않게 하소서

봉헌의 삶 I

사랑의 하느님
당신은 언제나 찬란히 빛나는
새로운 아침입니다

이 아름다운 새 아침에
당신에게 받은 저의 영혼과 육신 모두를
하나의 촛불로 봉헌합니다

많은 사람들 중에 저를
축성된 봉헌의 삶으로
불러 주심에 감사드립니다

청빈의 봉헌을 위해
당신 안에 완전한 자유를

정결의 봉헌을 위해
당신 안에 완전한 사랑을

순명의 봉헌을 위해
당신 안에 완전한 믿음을 주소서

늘상 나에게 아픔이 있다면

완전히 봉헌하지 못한
자아의 앙금이 남아 있는 때문입니다

매일 매순간을 새롭게 봉헌하며
오늘 순간의 봉헌의 삶을
아버지 안에 일치시키므로
맑고 투명한 기쁨의 샘이
내 안에서 펑펑 솟구치게 하소서

봉헌의 삶 Ⅱ

산정을 오르는 등반자의 설레이는 가슴으로
오늘도 내일도 영원을 향한 봉헌의 삶의 여정에
모든 일과 사건, 모든 것, 모두를 조건 없이 받아들이고

먹구름 장막 뒤에 숨어서도 빛나는 태양
말씀을 반추하며 말씀 안에서
사랑으로 참고 잘 견디며

잠시 위로를 거두시고 숨어 계실 때도
엄마를 기다리는 어린이 마음으로
하루 한순간만이라도 더 기다리며

다볼산에 머물고 싶어 하는 제자들에게 했듯이
받아들임과 견딤과 기다림 속에
그분과 함께 동행하는 축성된 봉헌의 삶

시의 옹달샘

내 마음은
작고 초라한
옹달샘

그분의 잔잔한 노래가
시도 때도 없이 스며와 고이는
축복의 옹달샘

늘 기도 속에 깨어 살며
그분만으로 만족한
일상의 생활 속에

비우고
비우면
비우는 그만큼

찰랑찰랑 맑게
깊어지는
시의 옹달샘

5월의 기도

주의 얼이 온 우주에 충만하여
사람들 사이에 살고 계시는 주님

나그네 모습으로 억압받고
소외되고 고통 받는 사람들 속에

여러 가지 크고 작은 사건들 속에서
창조하고 재창조하시네

'내가 세상 끝 날까지 항상
너희와 함께 있겠다'(마태오 28, 20) 하신 주님

육화된 이래 오늘 이 순간까지
빵의 형상 안에 살아계시며
우리 영혼의 양식 되고

감실 안에 더욱 강력하게 현존하며
영혼들을 기다리는 예수님

스물네 시간 당신만을 바라보며
관상하는 성모님과 함께
세계 평화와 우리나라 통일을

위해 기도 드립니다

레판토 해전에서 승리하심 같이
저희의 기도로 사람들의 계획과 전술을
아버지 뜻대로 뒤바꿔 주소서

성모님의 푸른 망토 속에
우리나라를 감싸주어 모든 어려움과
갖가지 위험에서 지켜 주고

주 성모님의 이름으로 통일을 앞당겨
세계 속에 우뚝 서서
아시아 복음화 불꽃 점화로
하느님 나라가 오게 하소서

성체 앞에서

순교자의 달 마지막 날인 오늘도
이미 해는 저물었습니다

태양보다 더 밝은
당신 앞에서
너 나 할 것 없이 모든 사람이
마음속을 살펴볼 때

어느 누가 부끄럼 없이
당신을 우러러
기도드릴 수 있겠습니까

사랑한다 말하면서
늘 못 미치는 저의 부족함을
용서하소서

사랑에 못 미치는 이웃의
짧은 손과 발길을 아파하기보다
제가 먼저 변화되게 하소서

골고타 언덕에 높이 달리신
예수님 십자가 밑에서

성모님은 보이지 않는
십자가에 달리었고

피 흐름이 없는 번제물이 되었으며
보이지 않는 못에 박혔고
채찍 없이 매질 당한
성모님의 숭고한 사랑

성모님의 마음을 닮아
진심으로 진심으로
마음에서 우러나오는 기도를
저도 드리며 진정한 사랑의 삶을
살게 하소서

성체조배 I

주님 발치에 앉아
말씀을 기다리던 마리아처럼
성체 앞에 마주 앉아 있으면

처음엔 말씀도 들려오지 않고
시간만 낭비하는 것 같으며
엉덩이가 들썩들썩하기도 한다

성체 앞에 정성된 믿음 갖고 오래 앉아
수없이 사랑만을 고백하는 동안
주님의 사랑과 은총이 충전된다

때때로 헛수고 하는 것 같아도 차차로
성체 앞에 오래 앉아 있었던 만큼
생활 속에서 하느님의 현존을 체험하게 된다

예비신자 교리 시간에 내 말에 힘이 있어
청중의 표정이 확확 달라짐을 보며
놀라운 하느님의 역사에 감사드린다

주님은 적당한 때 적절하고
아주 풍성하게 채워 주신다

'성체조배란 네가 나를 위하여
무엇을 하는 것이 아니라 내가 너를 위하여
무엇인가를 해주는 것이란다.'

성체조배 II

하느님 당신은
밀떡 형상 안에 숨어 계신
나의 영원한 생명이며 사랑
온갖 행복의 원천

하느님은 안 계신 데 없이
우주 안에 어디든지 충만히 계시지만
감실 속 밀떡 형상 안에
더욱 강력하게 현존하시고

아가가 엄마 품에 안겨 젖을 빨며
엄마의 가슴을 어루만질 때
따뜻하고 포근한 사랑이
아가의 영혼 속 깊이 스며들 듯

기도는 하느님 안에서 살아 숨 쉬듯
아주 자연스러운 것
하느님 사랑을 즐기며
영혼 속 깊이 뿌리내리는 행복한 시간

성체께 온 마음으로 기도하면
내가 사는 공동체

내가 사는 나라 구석구석
내가 사는 지구촌에

봄비처럼 촉촉이
빛과 사랑과 힘의 원천인
성령을 충만히 내려 주시네

성체조배 Ⅲ

사랑이신 당신 앞엔
누구나 벙어리
있는 그대로를 보여드리고
묵묵히 바라보며
말씀을 기다릴 뿐

당신에게 들인 시간만큼
내 영혼 정화되고
새 힘을 받습니다

작은 밀떡 모양 안에
숨어 계시는 겸손한 사랑이여
나눌수록 더욱 풍요해지는
사랑의 신비를 살게 하시며

매일 스물네 시간 성체 조배하시는
최초의 감실인 성모님처럼
우리도 어머니 마음으로 조배하게 하소서

관상 기도

누가 가르쳐 주었을까
백일쯤 된 아가가

엄마의 얼굴 찬찬히 바라보며
눈 맞춤을 한다

옹알이를 하며
방긋방긋 웃는다

나는 햇아기한테
관상 기도를 배운다

하느님 바라보며
눈 맞춤을 한다

하느님도 나도 없이
하나가 된다

언제나 나는
관상 기도의 초보자

과부의 헌금

고요한 밤하늘엔
작은 별들의 합창

고속도로 변 풀숲엔
미세한 꽃들의 찬미

오늘 하루 생명 주심
감사드리며

가난하고
불완전하며
힘도 없지만

받은 사랑과 정성으로
혼신을 다한
'과부의 헌금'(루가 21, 21~24)을 받으소서

● 짝사랑

내 혼의 동반자
행복 Ⅰ
행복 Ⅱ
보물찾기
아멘
팽이
내 안으로 들어오라
보호색 옷
물이 눈짓으로 나를 부르며
하느님의 성전
봉헌
사랑은 하나
배나무를 바라보며
짝사랑
그리스도의 향기
사랑의 거울

내 혼의 동반자

'너희가 세상에 태어날 때부터
나는 너희를 업고 다녔다.
모태에서 떨어질 때부터 안고 다녔다.
너희는 늙어 가도 나는 한결같다.
너희가 비록 백발이 성성해도
나는 여전히 너희를 업고 다니리라.
너희를 업어 살려내리라.'(이사야 46, 3~4)

바람이 부는 대로 살랑살랑 파르르 춤을 추는
4월의 나무들과 풀잎들의 무도회

내가 아주 어렸을 적에
어느 날 밤

건넛마을 큰댁에 놀러 갔다가
거울 같이 맑고 밝은 달빛 아래

논둑길을 졸졸졸 흐르는 물소리와
개구리 떼들의 합창을 들으며

어깨가 넓은 아빠 등에 업혀
성큼성큼 걷는 리듬에 맞춰

철없이 기쁘게 춤을 추며
집으로 돌아오던 유년의 추억이 새롭다

바닷물 속에 작은 하나의 물방울 같이
하느님 사랑의 바다에 풍덩 빠져

온전히 모든 것 맡기고
순전히 그분이 나를 이끄시는 대로

움직이며 춤을 추는 나의 삶의 춤
하느님은 내 혼의 동반자

그분 안에서 숨 쉬고 먹고 잠자고
기도하고 일하는 스물네 시간 그대로

오늘도 쉬지 않고 즐겁고 기쁘게 행복의
춤을 추는 나의 거룩한 영의 무도회

행복 I

햇아기에겐
엄마의 작은 가슴이 전부이듯
나의 전 존재는
그분의 성심 안에 있네
그분이 날 먼저
사랑으로 만드셨고
나는 그분의 사랑을 알고
또 마음 다해 믿네

행복 II

캄캄한 밤하늘 항상 그 자리에서
반짝이는 북극성을 바라보며
하느님 사랑에 마음이 콩콩 뛰네요

사랑의 하느님은
영원한 때부터
나를 마음에 두었고

그래서
당신의 모습대로 나를 만들고
당신 눈동자처럼 아끼며

내가 어디서 뭘 하든지 늘 내 곁에서
나도 몰래 지켜주고 보호해 주며
엄마처럼 수호천사처럼 도와주네

그것을 내가 얼마나 잘 아는지
그 앎의 척도만큼 나는 행복할 수 있고
그것을 모르면 행복할 수 없어요

보물찾기

초등학교 시절
산으로 소풍을 갔을 때
보물찾기 놀이를 했었다

그때는 선생님이 숨겨놓은 보물을 찾기 위해
나뭇가지, 바위틈서리, 후미진 곳 등
애써 찾아 돌아다녔다

'너희의 재물이 있는 곳에
너희의 마음도 있다'는
말씀으로 반쯤 눈이 떠서

지금 내가 찾는 보물의 가치 기준은
그때와는 차원이 아주 크게 다르고
이 세상 것이 아닌 천상적인 것이다

나에겐 교회 안에 보이지 않는
보화 창고가 있어 매일 매순간
찾고 또 찾아서 자꾸 저장한다

보물을 찾아 창고에 쌓기 위해
시간과 정력과 혼신을

최대한 투자하고 있다

내가 애써 찾는 보물은
눈에는 보이지 않고
값으로도 따질 수 없는

영원한 재산으로
형체가 없어
만질 수는 없지만

더없이 만족하고
더없이 아름답고 고귀하며
더없이 완전한 것이다

나는 부지런히 창고를 채울 뿐
그것을 적당할 때 마음대로 꺼내 쓸 분은
오직 한분이시다 (루가 12, 34, 마태오 6, 21)

아멘

믿음은 언제나
용단과 선택
선택의 자유는 온전히 자신만의 것

성모님의 완전한 사랑
완전한 믿음
겸손 된 순종이여

성모님의 단 한번의 아멘으로
하느님이 사람 되어
이 땅에 오셨네

부지중에 나타나는 아버지의 뜻을
아멘으로 겸손히 받아
일상의 작은 일들이 복음화로
복된 구원의 도구 되게 하소서

지상의 순례자인 우리도
사랑 위해서만 사랑하며
아멘으로
오늘의 마리아가 되게 하소서

팽이

돈다 돈다 돈다
동쪽으로
서쪽으로
남쪽으로
북쪽으로

하느님 사랑의 채찍이
가해지는 대로 쉼 없이
기쁘고 신속하게 묵묵히
팽 팽 팽
잘도 잘도 돈다

하느님의 사랑받는 팽이
오로지 하느님 뜻만이 전부
수녀는 자기란 없다
아버지 손길이 멈출 때까지
돌고 돌고 또 도는 것이 생명

기쁘고 즐겁고
빠르고 아름답게
자기 몸이 잘 보이지 않게
돌고 또 돈다

내 안으로 들어오라

사랑하는 영혼아

내가 너를 멀리 하는 것은
잠시 뿐이야

네가 싫어서도 아니고
미워서는 더더욱 아니야

다만 너와 나를 돌아보며
한 발자국 성큼 내게 다가오길

오해하지 마라 너와 나 사이
오해는 절대 금물

나는 영원불멸의 사랑
하느님이란다

아가의 성장을 위해
엄마가 젖을 떼듯

모두가 다 너의 내일의 행복을 위한
섬세한 나의 섭리란다

나의 이 마음을 깊이 헤아려 보며
올바로 깨닫고

아가가 엄마 품에
자기를 던지듯

내 안으로 들어오라
내 안으로 들어오라

보호색 옷

황금 주단을 깔아 놓은 듯
논바닥에 벼가 누렇게 무르익어

고개 숙인 벼 이삭 위에
화려한 황금 보호색 옷을 입은

늙은 메뚜기 한 마리가
석양에 졸고 있다

벼가 아직 푸를 때는
분명 파란 옷을 입고 있었는데

지금은 벼 이삭과 꼭 같은
황금 옷을 입고 있으니

참 신기하다, 누가 입혀 주었을까

당신의 딸인 저에게도
하느님 색깔의 옷을 입혀 주시어

악령의 눈에 잘 띄지 않게
보호색 하느님 옷을 입혀 주소서

물이 눈짓으로 나를 부르며

놀랍고도 신기해라

물은 칼로 난도질을 해도
절대 상처 받지 않아요

물은 하늘 마음

물이 눈짓으로 자꾸 날 부르며
닮으라 하네요

온유하고 겸손하신 예수 마음

하느님의 성전

하느님은
하늘과 땅
어디든지 계시지만

내 마음속
깊은 곳에 항상
현존해 계시니

하늘 아래
내가 머무는 곳 어디든지
하느님 성전이 된다

나의 집
나의 방

내가 걸어 다니는 모든 곳
온갖 나무들과 꽃들이 어우러진 정원

하느님의 집은 나의 집
나의 집은 하느님의 집

봉헌

낮에는
나의 오관과 두 손, 두 발
엉덩이까지 봉헌하다가

밤이면
영혼과 육신을 몽땅
제물로 드립니다

성체를 모신 곳이 감실이듯
나의 모든 것을 주님에게 맡기고 잠이든
나무 침대가 감실이며 제단입니다

온 우주가
하느님의 얼로 가득한
하나의 큰 감실이며 제단입니다

사랑은 하나

사람은 누구나 사랑의 빚쟁이
죽도록 애써도 못다 갚을 것은 사랑의 빚

하느님, 부모님, 이웃들

세상에서 가장 큰 사랑은
어머니의 사랑
사랑의 원천인
하느님 사랑의 거울

마음이 하나인 것처럼
사랑도 하나(마르꼬 12, 34)
어머니란 세 글자는
모든 사람들 가슴에서
지울 수 없는 마음의 고향

교도소에서 취침 트럼펫소리 후
이 방 저 방에서
터져 나오는 함성은
가슴 저리는 어머니란 말

사람은 창조주 하느님으로부터

눈에 보이지 않는
영적인 끈으로 연결되고
한세상 늘 한눈으로 지켜 주고

사람은 어머니 탯줄로
영양 공급을 받으며 태어나
젖을 먹으며 성장하는
엄마의 분신

하느님과 창조 사업의 협력자인
부모님은 하나의 사랑
부모와 자녀의 사랑이
하나의 사랑인 것 같이
하느님과 이웃의 사랑도 하나

배나무를 바라보며

땅속 깊이 뿌리를 박고
하늘만 우러러 묵도하고 서서

가지를 온통 뒤흔드는 비, 바람, 엄동설한과
가지치기의 아픔도 묵묵히 견디고

눈부시게 화려한 흰 꽃을 피우며
당도 높은 열매를 맺는 배나무여

나도 예수님 심장 한복판에
내 혼의 뿌리를 깊이 박고

매일 매순간 크고 작은
바람과 추위와 어둠을 밑거름 삼아

성모님의 손을 잡고
아버지에게 더욱 가까이 다가가며

그분의 빛을 받아
영원한 사랑의 불꽃을 피우리

짝사랑

하느님은
오늘도 내일도 영원히
한 사람 한 사람을 사랑하며
더욱 당신에게 가까이 다가오길
애타게 기다린다

내가 나를 아는 것보다
그분이 나를 더 잘 알고

내가 무엇을 구하기도 전에 먼저
갖가지 선물을 미리미리
챙겨 놓고 기다린다

매순간 순간 언제 오려나 하고
마음 조이며 기다리지만
너무도 애절한 그 마음 몰라주고

무심하고 냉정하게 돌아서는 뒷모습 볼 때
찢어질 듯 아픈 마음으로
연민의 눈물을 흘린다

그리스도의 향기

세상에서 가장 큰 사랑은
어머니의 사랑
어머니의 사랑은
하느님 사랑의 거울

세 살짜리 아가만도 못하여
혼자서는 절대로 생활할 수 없는
치매 할머니를 돌보는
간호사 수녀를 볼 적마다

그리스도의 향기
엄마의 향기가
날이 갈수록 솔솔 풍겨 남은
놀랍고 아름다운 변화이다

치매 할머니는
간호사의 도움을 받고
간호사는 그 할머니로 인해
사랑으로 성장한다

하느님이 우리의 모든 것을
나보다도 더 잘 알고 있듯

매일 매순간 할머니를 돌보는
간호사 수녀는 그 할머니에
대하여 모든 것을 잘 알고 돕는다

지식으로 아는 것이 아니라
관심과 사랑이 그것을 알게 해 준다

'인간의 선행을 당신의
눈동자처럼 아끼는 하느님'(집회서 18, 22)
두 사람을 영원히 축복하소서

사랑의 거울

아가는 엄마의 분신
품에 안고 젖 먹이는 동안
아가와 엄마는 깊은 사랑으로
하나가 된다

넉 달된 손자 근형이
해맑은 얼굴 표정을 보고
얼굴을 찡그리며 불편해 하면
기저귀를 갈아 주어야 한다

배고프면 작은 입을 오물오물
눈감고 젖꼭지를 찾는 아가
솔직한 아가의 표정을 보고
민첩하게 보살피는 엄마에게서
하느님 사랑을 느낄 수 있다

엄마의 마음
엄마의 사랑은
모든 사랑의 근원인
하느님 사랑의 거울

● 영혼의 뜨락에서

주님과 함께
기다림 속에

주님과 함께

I

1998년 3월 20일 우리 집(수지 성모의 집)에서 축복미사가 있었다. 다음날은 내가 조용한 곳인 3층으로 방을 옮기기로 한 날이었다. 1층 방에서 마지막 잠을 자려고 침대 위로 발 하나를 올려놓는 순간, 예수님이 내 심장을 탁 치며 "내가 네 곁으로 가까이 가려고 하는데 어디로 도망을 가려느냐"라고 한다. 내 방 앞에 성체를 모실 경당이 있어서 앞으로 수시로 들려올 발소리가 두려워서였다. 순간 나는 "잘못했습니다. 성당 실장이 되겠습니다"하고 얼결에 약속을 했다.

방을 옮기고자 한 것은 중병을 앓은 후 모든 신경이 쇠약하고 예민해져서 아주 작은 소음도 견디기 힘들었기 때문이었다. 하지만 방을 옮기려던 계획을 포기할 수밖에 없었다. 예수님에 대한 사랑과 믿음으로 모든 어려움을 뛰어넘기로 결심한 것이다.

다음날부터 매일 저녁 8시 30분만 되면 성당에서 큰 자석이 나를 세차게 이끌어 하루도 빠짐없이 밤기도를 드렸다. 그 덕분에 신경도 차차 많이 호전되었다. 다시 한번 '계획은 사람이 세우고 결정은 야훼께서 하신다'(잠언 16, 1, 9)는 말씀을 강하게 체험했다.

II

서울 흑석동의 성모교육원에서 살고 있을 때였다. 서울과 경기지방 교도소와 구치소의 교정사목을 전담하고 매일 출입하던 때라 교통이 편리한 그곳에 오래 살았다.

15년 전의 어느 날이었다. 평소 습관대로 성당 맨 뒷자리에 앉아 성체조배를 하다가 오전 9시 교도소로 출발하기로 마음먹었는데 그만 깜빡 잠이 들었다. 그런데 누가 구둣발로 내 오른편 발을 꽉 밟는 바람에 아프기도 하고 깜짝 놀라 눈을 번쩍 뜨는 순간, 밝은 초콜릿 색깔의 주름 잡힌 바지갈래와 구두가 보였다. 시계를 보니 정각 9시였다. 분명히 예수님이 깨워주셨다는 생각이 들자 기쁨과 평화가 마음에 가득 찼다. 지금까지 아무리 두고두고 살펴봐도 그렇게 빛나는 아름다운 색깔을 찾아 볼 수가 없었다. 그날 하루 날아갈 듯 가볍고 기쁜 마음으로 교도소 일과를 마치고 돌아왔다.

또 한 번은 성체조배를 하면서 11시에 약을 먹어야지 생각하고 기도를 하다가 그만 잠이 들었다. 그런데 머리에 덮였던 뚜껑이 가만히 열리듯 내 머리 백해가 맑아짐을 느끼는 동시에 눈이 저절로 떠졌다. 시계를 보니 정각 11시였다. 참으로 기분 좋고 기쁜 마음으로 약을 먹었다. '하느님께서 너도 몰래 너를 보살피셨다'(이사야 45, 15)란 말씀 그대로였다.

III

1982년 5월의 어느 날이었다. 그날은 영등포교도소 재소자

종교 집회가 있는 날이었다. 출근길의 만원버스를 한번 바꿔 타고 영등포교도소 정문 앞에 내렸다. 외정문이 있고 거기서 5분쯤 걸어가 중간 정문을 거쳐야만 교무과로 갈 수 있다. 걸어가는 길 양편 작은 정원엔 무기수 기념식수들이 역사를 말해 주며 잘 자라고 있고 연녹색 잔디밭에는 샛노란 민들레꽃들이 봄볕에 반짝이며 반겨주는 듯 했다. 중간 정문에서는 누구나 신분증을 제시해야 하는데 나는 법무부에서 발급한 교화위원증을 가슴에 달았다.

정문에 들어가면 의자에 앉아서 천주교 담당 교도관이 계호하러 올 때까지 기다려야 한다. 잠시 기다리는 동안 교도소의 한 직원이 내게 다가와 "천주교를 믿고 싶은데 성경책과 십자가가 있으면 좋겠습니다"라고 한다.

"그러세요, 반갑습니다. 제가 준비해 드리지요."

잠시 후 천주교 담당 교도관이 왔기에 그를 따라 들어가면서 마음속으로 계산해 보니 적어도 3만 원 이상은 있어야 했다. 3만 원은 내겐 적은 돈이 아니었다. 하지만 하느님이 주시겠지 하는 생각이 앞서서 별로 고민이 되지 않았다.

일과를 마치고 돌아오는 길에 영등포역에서 전철을 탔다. 그런데 전철 안에서 생각지도 않았던 봉사자 젬마씨를 만나 무척 반가웠다. 그녀는 "봉사 활동을 하시는데 고생이 많으시죠"하면서 내 손에 흰 봉투 하나를 쥐어준다.

"제가 수필을 써서 첫 원고료를 받은 것이에요."

나는 너무 뜻밖의 일에 놀라며 감동했다. 그녀는 중간에서 내렸고 나는 집에 올 때까지 봉투속이 무척 궁금했다. 집에 와서 봉투를 열어 보니 오늘 교도관이 부탁한 두 가지 성물을 살 수 있는 액수의 돈이 들어 있었다. 그날 나는 '하느님께서 손

수 마련하신다'(창세기 22, 8)는 말씀이 떠올라 행복한 마음에 하늘을 바라보며 감사기도를 드렸다.

IV

 2004년 2월 9일, 이 날은 우리 수녀원 제3차 연례피정이 시작하는 첫날이다. 열흘 전부터 내가 쓰고 있는 노트북 프린터기 잉크가 떨어져 일상 하는 작업에 다소 지장이 생겼는데 잉크를 구입해 줄 수녀가 준비를 못해 준 채 피정을 가고 말았다. 그래도 나는 전혀 걱정하지 않고 아침에 수녀원 원장수녀님을 찾아가 다시 한번 부탁해 놓고 기다렸다. 그런데 오후에 어쩌면 때맞춰 생각지도 않은 조카수녀가 찾아와서 즉시 해결해 주었다. 하느님이 보내주신 것이다. 1995년에 구입한 기계여서 잉크를 구입하려면 여러 군데를 돌아다녀야 하는 어려움이 있는 것을 나도 잘 알고 있었다. 하느님의 섬세한 사랑에 놀라며 감사기도를 드렸다.

 몇 시간 후 또 한 번 감사할 일이 생겼다. 경기도에 계신 분원 수녀로부터 내가 매일 다리운동을 하는 예쁜 자전거 한 대와 우리 60명 식구가 먹을 수 있는 붉은 팥 시루떡이 전해진 것이다. 이중삼중으로 감사함이 층이고 넘치는 하루였고 남의 도움이 필요한 일이 생길 때마다 자동적으로 떠오르는 성구를 다시 되새기게 해 주는 하루였다. 그 성구는 '산들을 우러러 눈을 드노라. 어데서 구원이 내게 올런고? 구원은 오리라 주님한테서. 하늘 땅 만드신 그님한테서'(시편 120)라는 말씀이다.

V

 사람이 혼자는 살 수 없고 서로가 서로를 도와주고 도움을 받으며 살아간다. 때로는 어려움을 주고 또 받으며 성화되고 하느님의 사랑으로 성장하며 변모되기도 한다. 마치 인형극의 연출자처럼 얼기설기 도움의 손길을 이어주는 일을 주관하는 분은 하느님이다.

오늘도 버스를 타고 교도소로 출근하면서 한 가지 분심이 떠올랐다. 남매를 데리고 과부가 되어 파출부 일을 하는 젊은 사형수 부인을 위해 두 아이 학비를 돕고 있었는데 통장을 보지 않아도 바닥이 드러났음을 짐작으로 안다. 하늘만 한번 쳐다보고 그대로 하루 일과를 마치고 돌아왔다.

수녀원 현관에 들어서자 원장수녀님이 메모 쪽지를 건네준다. 홍윤숙 시인이 여러 번 전화를 했다면서 돌아오는 즉시 전화를 달라고 한다는 내용이었다. 전화를 했더니 어느 부인이 신자는 아니지만 한번만 수녀님에게 도움을 주고 싶다면서 온라인통장 번호를 알려달란다. 그 말을 듣는 순간 얼굴이 빨갛게 상기되었다. 아직 돈 달라고 기도도 하기 전인데 하늘은 스스로 돕는 자를 돕는다는 생각이 들었다.

Ⅵ

1992년 12월의 어느 날, 하늘의 거룩한 소식을 전해 오듯 눈부시게 새하얀 눈송이가 소리 없이 펑펑 쏟아지는 오후였다. 수녀원 초인종이 울었다.

누구일까? 약속한 일이 없는데….

나가 보니 작년에 여고를 졸업한 우리 동네 성당 성령기도회 회장의 딸이었다. 아직 솜털이 보송보송한 젊음이 싱싱하고 아름답다. 그녀는 흰 봉투를 두 손으로 내밀며 수줍은 듯 약간 몸을 비꼬며 말했다.

"아빠 일을 돕고 받은 월급인데 활동비에 보태 쓰세요."

고맙기도 했지만 한편으론 적이 놀랐다. 2주일 전, 교도소의 천주교 담당 교도관이 면담실에 소형 전기난로 한 대와 커피포트가 있었으면 좋겠다고 했었지만 아직 아무에게도 부탁한 적이 없었다. 그런데 내 마음속 의향을 아시고 하느님은 서둘러 천사를 파견한 것이다. 다음날 두 가지를 구입하여 전해 주고도 5천 원이 남았다.

항상 아버지 뜻만 바라보며 순수한 마음과 행복한 심부름꾼 자세로 사노라면 이렇듯 공짜 인생인 것을…. 하느님을 모르는 많은 사람들, 자기 혼자만의 힘으로 살아보려고 밤낮으로 혈안이 되어 발버둥 치며 헛 그물질만 하는 세상 사람들을 생각하면 마음이 아프다.

Ⅶ

발목이 골절되어 통기부스를 한 노인수녀 한 분이 우리 집에 휴양차 왔다. 현관에서 그분을 보는 순간 누군가가 내 가슴 속 피아노 건반을 세차게 두드리듯 모든 것을 다 바쳐 도와주고 싶은 마음이 치열했다.

"수녀님, 지금이 사순절이니 수녀님은 십자가를 지신 예수님 역할을 하고 나는 그 십자가를 도와준 시레네의 시몬 역할을 합시다"하여 한바탕 웃음바다가 되었다. 나는 그분이 다친 발을 덜 움직이도록 온갖 생각과 마음을 총동원하여 밤낮으로 도와주는 한편, 전동 휠체어를 타는 방법을 가르쳐 주고 연습을 시켰다.

그분은 타고 다니고 3급 장애인인 나는 걸어서 따라다녔다. 겨울철이라 가는 곳마다 미리 문을 열어 주고 닫아 주며 도와주다 보니 밤이면 몸살을 끙끙 앓았다. 힘들 때마다 나는 예수님이 최후만찬 때 제자들의 발을 씻어 주며 하신 '내가 너희에게 해 준 것처럼 너희도 남에게 해 주어라'(요한 13, 15)라는 말씀을 떠올렸다.

그분은 항상 감사하다는 인사를 했고 나는 그 말을 들을 때마다 "내가 수녀님에게 해드린 것처럼 수녀님도 다른 사람에게 해 주세요. 이것이 사랑의 불꽃 점화입니다"라고 대꾸했다. 그때부터 거의 한 달간 잠잘 때만 빼놓고는 가슴이 항상 뭉클뭉클하며 계속 예수님의 현존 속에 지냈다.

그분이 다리를 다칠 무렵, 나의 막내 올케가 유행성출혈열병에 걸려 열흘간의 중환자실 생활을 거쳐 한 달간 입원을 했는데 살아날 가능성은 20퍼센트밖에 안 된다고 했다. 그래서 가족과 친척들에게 생미사 봉헌을 여러 군데 부탁했는데 정작 나의 기도 지향에는 잊어버리고 예수님만 바라보며 기쁘게 해드리려고 애쓰며 살았다.

어느 주일날 아침미사 때 특별히 예수님에게 감사를 드리는 순간이었다. 불현듯 나의 오른편 위쪽에서 "그러니까 올케도 살렸지" 하는 말씀이 들렸다. 순간 충격을 받았다. 울음이 터질 뻔했는데 겨우 참아 냈다.

미사를 마치고 집에 전화를 걸었더니 올케가 회복되어 다음 날 퇴원한다고 했다. 정말 놀라운 하느님을 또 한 번 체험했다. 어려움에 처한 이웃을 사랑으로 도우면 예수님은 당신에게 직접 해드린 것처럼 기뻐하며 우리가 상상도 못하게 충이고 넘치게 현세에서부터 갚아 준다는 사실을 아주 놀랍고 깊게 체험했다. 새삼 '인간의 선행을 당신 눈동자처럼 아끼신다'(집회서 17, 22)는 말씀이 떠올랐다.

기다림 속에

광야의 길
한 소리가 있어 외친다. '야훼께서 오신다. 사막에 길을 내어라. 우리 하느님께서 오신다. 벌판에 큰 길을 훤히 닦아라. 모든 골짜기는 메우고 산과 언덕을 깎아내려라. 절벽은 평지를 만들고 비탈진 산골길은 넓혀라.'(이사야 40, 3~4)

나는 '예수님 발치에 앉아 말씀을 기다리는 마리아'처럼 성체 앞에서 기다림에 대한 말씀을 기다린다. 기다림의 종류는 여러 가지로 많지만 영신적인 면에서 시간과 공간의 제한이 없는 초월적이고 가장 차원이 높은 곳으로 멈춤 없이 계속해서 찾아 전진하는 것이라고 생각한다. 하느님은 나를 사랑으로 창조했고 그때부터 나를 먼저 기다린다. 그리고 내가 다시 그분을 기다리는 서로의 기다림으로 영원한 생명인 하느님에게로 향하는 순례의 도상이다.

신앙인의 조상 이스라엘 백성이 4천 년 동안 고대하던 이집트 종살이에서 자유와 해방과 생명의 나라의 상징인 가나안 복지를 향해 탈출하는 모습에서 우리는 부정부패와 온갖 죄악으로 혼탁한 이 세상의 부조리와 자기 안에서 끊임없이 탈출을 시도하며 하느님 나라를 향해 늘 깨어 기다리며 전진해야 하는 우리들 자신의 모습을 볼 수 있다.

이스라엘 백성이 광야에서 생활하다가 겪은 가난과 굶주림과 목마름 등 크고 작은 시련과 고통은 모두 하느님을 알아 가는 중요한 체험의 훈련 과정이었다. 오늘날의 영성 생활에서도 광야는 같은 유형의 장소로 하느님을 알게 하고 자기 성화를 위해 영적 훈련을 하는데 없어서는 안 될 중요한 교육의 장이다.

하느님은 이스라엘 백성을 불과 며칠이면 목적지에 도착할 수 있는 지름길로 곧장 인도하지 않았다. 더 멀고 험한 광야의 길로 40년이나 돌아서 가게 했다. 분명 그들이 앞으로 닥칠 전쟁을 미리 내다보고 후회하면서 두고 온 예전의 이집트 생활로 되돌아가지 않을까 염려해서 그렇게 했을 것이다. 얼마나 감명 깊은 하느님의 사랑인가.

탈출 도중 그들 앞에 가로놓인 출렁이는 홍해. 그것은 바로 '죽음'이란 두 글자였다. 마른 땅은 어디에도 보이지 않았다. 이때 고달프긴 했어도 먹을 것이 있던 이집트로 되돌아가고 싶은 유혹이 그들을 모질게 충동질했다. 그러나 믿음과 기도로써 모세를 따라 앞으로 나아갔고 마침내 마른 땅을 보았으며 죽음의 바다를 걸어서 건너갔다.

파라오 왕이 아홉 번의 재앙 때까지 완고하게 고집 부린 것을 보면 하느님이 그를 하나의 도구로 쓰심을 엿볼 수 있다. 홍해가 갈라진 기적도 대자연의 현상을 때맞춰 이용해서 이스라엘 백성의 하느님이 '참 신'임을 역력히 드러내 보임으로써 그들은 해방절을 잊지 못하고 자손대대로 기념하게 되었다.

출애굽기에는 모세가 있었고 오늘날 우리의 구원 역사 안에는 보이지 않는 길이요 진리요 생명인 예수님이 과거, 현재, 미래까지 우리 삶의 현장 안에서 모든 일을 섭리하고 주관하며 구원을 준다.

이스라엘 백성들이 40년 동안 홍해와 광야를 거쳐 올 때 낮에는 구름기둥, 밤에는 불기둥이 그들과 함께 해 준 것은 하느님이 현존한다는 표시이다. 오늘날 하느님은 우리들에게 교회의 여러 가지 가르침, 대자연의 변화와 일상생활 안에서 만나는 크고 작은 사건들과 이웃들을 통해 당신의 섭리를 드러내며 말씀한다.

기다림의 모델

시골 처녀 마리아는 자기 나름대로 삶의 계획과 희망이 있었을 것이다. 그러나 하느님 사랑을 위해 모든 것을 포기하고 그분 뜻에 용단을 내려 '아멘'으로 '응답'하였기에 하느님은 사람이 되어 이 땅에 내려왔고 인류역사상 전무후무한 크나큰 구원의 역사가 시작되었다. 그리고 자기 해방과 탈출을 가져왔다.

처녀가 아기를 낳으면 돌로 쳐 죽이는 법, 그리고 요셉과 약혼한 사이라는 참으로 받아들이기 어려운 상황이었지만 사랑과 믿음, 겸손과 순종이 불가능을 가능으로 만들었다. 마리아가 한 일은 믿고 받아들인 '아멘'이었고 나머지 일들은 모두 하느님이 행하였다. 마리아는 예수를 잉태한 다음 곧바로 멀고도 험한 길을 건너 서둘러 엘리사벳을 찾아갔다.

우리도 그분을 본받아 예수님을 마음에 담고 이웃에게 말씀을 선포하는 살아 있는 증거자의 삶을 살아야겠다. 그리고 일상 안에 예수님이 나에게 오는 길의 모든 장애물에서 끊임없이 탈출하며 예수님의 탄생을 늘 깨어 기다려야 하겠다. 아기 예수를 잉태하고 끊임없는 사랑과 정성으로 모든 행동에 조신하고 날마다 순간순간 깨어 출산을 기다린 마리아를 거울삼아 대림 시기를 뜻있고 보람 있게 지내야 할 것이다.

인생은 기다림의 연속이다. 그 끝이 언제일지 보이지 않고 알 수 없으며 기약도 없다. 그냥 묵묵히 내 일생의 맨 끝을 향해 오직 주님의 뜻만을 바라보며 영원한 도움이신 성모님과 함께 오늘도 내일도 기다림 속에 걸어갈 뿐이다.

'주님께서 오실 때까지 참고 기다리십시오. 농부는 땅이 귀중한 소출을 낼 때까지 끈기 있게 가을비와 봄비를 기다립니다. 여러분도 참고 기다리며 마음을 굳게 하십시오. 주님께서 오실 날이 가까이 왔습니다.'(야고, 5, 7~8)

구원의 빛을

해마다 대림절이 돌아오면 성탄을 기다리며 대림환을 만들기 위해 네 개의 초를 손질한다. 참회와 보속의 상징인 진보라색, 조금씩 정화되어 간다고 해서 연보라색, 희망이 보인다고 해서 장미색, 성탄이 가까이 왔다고 하여 흰색의 순서로 촛불을 밝힌다. 그 바람에 자신을 많이 태워 제일 짧아진 진보라색 초와 각기 키가 다른 세 개의 초들을 보면서 우리들의 삶을 들여다본다.

진실은 왜곡되고 온갖 정보가 쏟아져 나와 어디에 귀를 열고 눈을 뜨며 마음을 열어야 할지, 무엇을 선택해야 할지 가치관이 흔들리는 시대인지라 우리들의 마음을 환하게 비추어 줄

한 줄기 구원의 빛이 더욱 절실히 기다려진다.

미국에 사는 한 교포 집에 텔레비전이 없는 것을 보고 그 이유가 궁금하여 물어보았다. 대답인즉 성지순례를 다녀와서는 텔레비전을 보는 시간이 너무 아까워 그 시간에 기도하기 위해 창고에 넣어 두었다고 한다. 그 말을 듣는 순간 수도자도 아닌데 조금은 너무하다는 생각이 스치는 반면, 세상엔 거의 중독에 가까운 사람들도 적지 않다는 생각도 들었다.

사람마다 다르겠지만 텔레비전을 시청하면 어느 새 자기도 모르게 하느님을 까맣게 잊어버리게 되고 영상매체로 인해 혼을 몽땅 빼앗김을 체험하게 된다. 그리고 때때로 텔레비전이 시간 도둑인 것처럼 생각되기도 한다.

현재 우리는 너무나 심한 소음공해와 혼탁한 영상문화, 다양한 홍보의 물결에 시달리며 살고 있어 자칫하면 부지중에 찾아오는 예수님을 지나쳐 버릴지 모른다. 열왕기 상권(19장)을 보면 하느님은 폭풍 속에도 불길 속에도 계시지 않았다. 조용하고 여린 소리가 들려왔을 때 엘리야가 겉옷자락으로 얼굴을 가리고 동굴 어구로 나오자 하느님의 음성을 들을 수 있었다.

매년 12월은 주님을 기다리며 마음속 깊은 곳에 보라색 촛불을 밝히고 내면의 소리를 듣기 위해 조용한 시간을 가져볼 때이다. 한여름 화려했던 잎들을 훌훌 벗어버리고 혹독한 겨울 추위를 견디기 위해 고요히 묵도하는 겨울나무에게서 새 봄을 준비하고 기다리는 삶의 지혜를 배운다.

● **시집을 내면서**

한세상 살기 마음먹기 달렸다는데
나는 죽어 세상에 없어도 기도의 혼은
이 땅에 영원히 남아
삶의 희망과 도움이 되는 시를 쓰고 싶어

마음을 비우고 비워서 비운 만큼
좋은 시를 기다리며
한 마음으로 지상천국을 살고파

비장한 각오로 텔레비전, 라디오, 신문 등을
완전히 끊은 지 30여 년
기도의 삶을 위해 뉴스 정도는 오가며
귀동냥으로 스쳐 듣는 것으로 만족하고

하느님에게 전념하는 소중한 매일 매순간
행복한 일상의 영성적 여정의 삶 속에
크고 작은 사건, 만남, 고통, 기쁨, 보고 듣는

모든 것들을 소중하게 사랑으로 끌어안고
숨을 쉬듯 기도로 봉헌하는 기다림의 삶 속에

수증기 눈비가 되어 내리듯 나도 모르게
예수님의 잔잔한 노래가
내 마음 옹달샘에 찰랑찰랑

  설레임과 벅참을 견딜 수 없어 토해 내는 것, 항상 표현이 부족하고 말이 많아 부끄럽지만 한 편의 시가 되어 모인 것을 세 번째 시집으로 엮게 되었다.
  하느님과 성모님, 수도공동체, 특히 인터넷 '영의 노래'에 매주 토요일마다 글을 올리게 책임을 주어 나를 키워준 지마르틴 수녀님에게 감사드리며 바쁘신 중에도 기쁘게 서문을 써주신 임병헌 가톨릭대학교 총장신부님과 출판사 사장님에게 감사드립니다.

2005년 순교자 성월에

최 남 순

내 혼의 동반자

제1쇄 발행 2005년 10월 1일
제2쇄 발행 2005년 11월 15일

지은이 | 최남순
펴낸이 | 김성호

펴낸곳 | 도서출판 사람과 사람
주소 | 서울시 마포구 망원동 458-84(2층)
전화 | (02)335-3905~6
팩스 | (02)335-3919

등록 | 1991년 5월 29일 제1-1224호

값 6,000원

ISBN 89-85541-87-0 03810
ⓒ 최남순, 2005, Printed in Korea
판권 본사소유 | 잘못된 책은 바꿔 드립니다.